Joseph A. Dandurand

pihta ēkwa wihta

nēhiyawastāw Randy Morin

BookLand press

Published by BookLand Press
15 Allstate Parkway, Suite 600
Markham, Ontario L3R 5B4
www.booklandpress.com

Printed in Canada

Front cover image © Bowie15

Library and Archives Canada Cataloguing in Publication

Dandurand, Joseph A.
[Hear and foretell. Cree]
Pihta ēkwa wihta / Joseph A. Dandurand; nēhiyawastāw, Randy Morin.

Poems.
Translation of: Hear and foretell.
Issued in print and electronic formats.
ISBN 978-1-77231-047-4 (softcover).--ISBN 978-1-77231-048-1 (EPUB).--
ISBN 978-1-77231-049-8 (PDF)

I. Morin, Randy, 1978-, translator II. Title. III. Title: Hear and foretell. Cree.

PS8557.A523H4312 2017 C811'.54 C2017-900177-9
C2017-900178-7

Canada Council for the Arts Conseil des arts du Canada

ONTARIO ARTS COUNCIL
CONSEIL DES ARTS DE L'ONTARIO
an Ontario government agency
un organisme du gouvernement de l'Ontario

We acknowledge the financial support of the Government of Canada through the National Translation Program for Book Publishing, an initiative of the *Roadmap for Canada's Official Languages 2013-2018: Education, Immigration, Communities*, for our translation activities. We acknowledge the support of the Canada Council for the Arts, which last year invested $153 million to bring the arts to Canadians throughout the country. We acknowledge the support of the Ontario Arts Council (OAC), an agency of the Government of Ontario.

kīkwaya kā masinahikātēki

tipēyihtākosin

nīya ôma māwiyak
itāp māmitonēhcikan
ni waniskisotākawin
kā āpacīhcik
kahkiyaw nīya

nitamākisin masinahikēw
kā kīsot
namôya wihkāc ka pômipayik

pīkiskwēwina
ka takohtakoyin
ota ka pimicowahki
ohcikiwāpowina

nīya ôma namôya nīya
namôya ni ēhān
kā mīkowiyahk ēhiyon
namôya nīya
sākihitowīyiniw kā kī kīsīyān

pēyak kīkway
nikiskēhtīyin
omasinahikēwīyiniw
kayās kā sipwēhtīyit
masinahikanihk tāskoc ôma
mēskocipita
ēkwa
tāpwihtowin

anihi Kwantlens

poko ka towinamān wikamik
kā kīkisīpāyak osci atoskēwiyiniwak
kīwītinohk ē wī itohtēcik
nitaskiynahk
ēta kā isīkātihk
Stave sākahikan

ē wī wātihkātahkik
asinīy apacihcikana
pahkwēnikana
wanihtak
miskācikan

awīna ôma kiyānow?

anihi Kwantlens

tamākisinow kikā mitātaht mitanow itasiyahk
ē kī itasiyahk
kihci mitātaht mitanow ayawāk

misi omikīwin
ki misiwanācihkanow
āyinānēw mitanow itasiyahk ki ahkosinow
kimipinow
kwātakīkowiyahk
ahkisowin
pēyak cahcāmowin
ēkosi

ôta ēkwa ki wātihkānow
asiniyak osci
kayāsi wāpacikana
pēyakwā ēkī
wīkiyahk wāhyow kīwītinohk
pihci ôma ministik

ôta ēkwa kayās
nānātohk
ē tāskipitikowiyahk
pēyakwani ôskana

papēyahtik nikosis
pihtikwēw nipīhk
pimosinēw asinīya
ka miskāht
wahyow askīya
ôta osci
askīhk
namôya
waniskācikātēw

ētī kā isīkātīk Kwantlen

tēpakohp tipahikan
pimosinīy otayapīy
wihcasin cī?

cēskwa
cēskwa
kinwāpahta
kinwāpahta
nēwo akimāw ohpahowi pīsim
makīkway sôsāsiwak
makīkway kinosēwak
tāniwihkak?

wahyow nīkān ôma mēkwac
ēkwa nīya
kahkiyow kīyānow
osci apisīs
ayisīnowak
anihi Kwantlen
mihcēt kīyānow
tāskoc kotakwak sīpīyiniwak
ē tamākisiyahk
kayās īyiniwak
makīkway pīkiskwēwin
askīy makīkway
kinosēwak makīkway
ni kwātaki māmitonēhcikan
niya
makīkway

māka takāhkinākwan
ôta askīhk
mēkwāc
nīya osci
pihtow
ni pôwātāwak kinosēwak
nahīkohk
ka pimātisiyān
ka itēhtākwahk
ēta
kā isīkātīhk Kwantlen

wihcasina pēkiskwēwina

nitohpinēnān nicihcīyināna osci
kā pimohtēcik pimohtēwin
kā pīkiskwēcik pēkiskwēwin
takāhki itôtamok
kā pihtikwēcik pihcāyihk
ka paspihkoyahkok o pēkiskwēwināna

kihtēyayak takahkipitamok
kahkiyow wāpahtamok
āyinānēw mitanow askīya ātiht
nīkān apôwak
cīki askīhk

ēkota osci kīyānow
askīhk namôya ispimihk
kā misiwanācihtāyahk
kā nohtē mīcisoyahk
mīcitān askīy
mīcitān mīkowina

ohi mīkowina ki wawīsihtānow wāskahikana
wāpahcikan kayās osci
kayās tipahikan
kihtēyayak ē apicik
cīki askīhk

kotak kihtēyay ki nahinānow
ēkwa pīsim
kīsônam ohcikiwāpowina
kīsowāw

kayās īyiniwak
nitohpinēnān nicihcīyināna ispimihk
kinānāskomitinān
osci
kā
wihcasiki
pēkiskwēwina

wīcīwākanak namôya tēpi pimātisiwak

nēwo mitanow nikotwāsikosāp askīya ôta ni ayān
pimihāmowi pīsim 31, 1964, sākāstēnohk ni takohtān
ēta ē tahkāyāhk Bethlehem askīy

kisēyiw kayāsi pimihākan nāpēw
wayawētimihk pihtwāw
nikāwiy ē tīpwīt
kā nôkisiyān

ni kinwāpimāwak nisto nicowāsimisak
ē pī wayawēcik ē mātocik ta kosikwīnakik
wīyawāw

nīya naystow nika kinawēmāwak nicowāsimisak
atoskēwin māka ni minihkwān

makīkway nīcīwākanak ka pīkiskwātakik ahpô ka wīcihicik
ka mistohtīyin kīspin kīya
ē pēyakwīyin ēkwa namôya kwayisk mamitonēhtaman

kapē kīsik
ē pīhtamān iskwahtēm ta towipayik
okīsikowak ta wayawēpimiskik
otīnahk mēskanowa
ta pī kīwīyin

namôya wihkāc wīya
kīya wī mipin
papēyahtik nāstayini ayônisa
mīcowin isihtayini
pimohtīyini ēsi kiskinwahamātowikamikohk
ocēm ēkosi

ôta ôma ka ayimahk ta wāpahtamihk
makīkway ē wīcīwākanit
apihtow
miywasin
pīkiskwēwin omasinahikew

nipahtākēwin sīkisiwin

pēyak ispayik nāntow ē kasoyān
ē kī mipahtākihk ôta askīnahk
ni kostīyin ē wihcasik pimātisiwin
nikostīyin ēkwa ta wayawīyān
ē kostamān ta nakatakik nicowāsimisak

kosta tāpwē kostācowin
mipahtākēwin kostācowin
niciminikon

niya: ē pīkopayān pīkiskwēwin omasinahikēw

tahkisita
postastotinīy
miyo mahciho
miyo kanawīmikowisi

ni pason ahcahkwak
ispimihk
ni kiskēhtīyin kinosēwak ē pī tohtēcik
pihtow kīsta ki pason

pīyisēsak ē pihtākosicik
nikamowak wayawētimihk
ēta kā kātāyān
ē pihtwāyan tāskoc ē māci nipit
nāpēw kā nitawēhtahk kīkway

sīkisowin tāpwē sīkisowin ka nipihk
pihcayihk ni kinawēmikon ēkwa nīya
kwayisk nīkināhk
pihcāyihk nīkinahk

ē ahkosit awāsis nikinawēyimik nīkinahk
ēyakwāma osci ôta kā ayān

āsay nikī itôtīnān pīkopayiwin
miskīsik āhkisowin, astostotamowin, mayamahcihowin
kahkiyaw ēyikoni pihcāyihk nikinawīmikon
pāpahahkwāni mīcimāpoy ē osihtāyān
ē nitowēhtamān
awiyak ka
nistohtawit

niya: nicihcīy nikākītisin osci
ē masinahamān ôma pikiskwēwin masinahikan
osci sīkisiwin ēkwa ē mikohtaskway ē wīsakahk osci
mistahi ē pihtwāyān

ni kīcikonīyin nitastotin ēkwa nitohtīyin
nikamôwina: AC/DC ēkwa
ē takahkihtākosit kitohcikan

ē māci pônipayik kīsikāw ē pihtawakik
pīyisēsak ē nikamocik
nipihtīyin ē sīkisicik

anima sīkisowin
anima nipahtākēwin sīkisowin
ki kinawīmikonow
pihcāyihk ēta ē kinawīmikowiyahk

nīya: nikīsihtān ēkwa nikowacin
ni postiskīyin astotin ka kāsoyān
tāpwē nīya
kā māci kostamihk kostācowin

kayāsi kiskisowina

tāntē ē nôtinitohk?
tāntē itohtēwak otāyimihāwīyiniwak kā sāminācik
kā apisīsīyit nāpēsisa?

tāniwihkāk otāyimāwi iskwēwak kā
pakamowicik ēkwa kā tahkiskāticik
ēkwa ē tipīmicik?

namôya ôma pīkiskwēwin masinahikan osci
ēta kā mētawihk ahpo ēta kā mīywīhtamihk
ahpô ôma ē mīywāsik pimātisiwin
masinipayicikan ē sākaskinīyiki
kāyāsi mīywīhtamowina

ayisīniwak ahkami nitotamāwak masinipaycikana
māka namôya ni cihkihtīyin ta masinipayikowiyān
makīkway astēw ta kwīkiskēhtamihk
ahpô ē mahtāwahk
tanihki

nīya ôma masinipayicikan

ôma mihkwākan
ôma mitīy
ôma masinipayicikēwin osci omasinahikēw

tahkatihcikan sīwīcikīmakan
namôya ka kisēwātisicik nitohtamok nīkinahk
ē mamitonēhtahkik awīna ôma nīya

kāya kwēcihkīmo
ēkwa kaya masinipayicikē
pônikowin
ta masinahamān masinipayicikēwina
tāskoc ôma

askīy ē nihcipayik
kayāsi
kiskisowina
otinikātēki
ēkwa
ē wīpinamihk

sēkwan pahpowin

kīspin kihtwām ta sākihitāyan kīkway
ē mīywāsik sākihitowin
mētawēwin sākihitowin
māka ni kiskēhtīyin pômipayowin
tāskoc ē pômipayik
nīya katiskow
sāpowi itohtēyān

kīkway anima sākihitowin?

sôskwāc ôma masinahikēwinis
sôskwāc ē tahkiskamihk
anima micisk

nikā pihtikwahāw
nipīwinihk
ēkwa nika nīpiyosinān
namôya ē kiskēhcikātīyik
āyiman

nikā môtinān
sīpayihk akohpik
ē pokwātamāhk ni wīyānāna
sāmitoyahki
ēkwa wīsakahpinēwin

wayawētimihk ayikisak nikamowak
kā tipiskak sīpīhk
ôhôw ē pimihat
ē mācīyit

kēkāc ē wāwiyēsiwi pīsim
mēskocipayit pitosinākisowin
kaskatēyisot ēkwa sīpihkinākosit
akawāstēhikot

ayikisak nikamowak pihtow pipon
ē pônipayiw ēkwa iskotēwa kā saskatīki
sisonē sīpihk
namôya ayawāk saskatīno
kaskāpahtēw ohpipayin
ē cahkāyāsik kisowāsi tipiskāw
ēkwa ki kiskēhtīyinow
sēkwan ē takohtīmakahk ôta

sākihitowin ēkwa wīsakihtamowin
ana ayikis ēkwa ôhô
ē wanihtahk pihtākosowin
sīpāyihk sīkihtākwan
anihi akohpa
nīpīyosowin
tāpwē
nīpīyosowin
osci
sāminikwina

ni sākihtān masinahikana

ni kahtinīyin pēyak nitisahikēwinihk
ayahk mihcēyit masinahikēwina ācimôwina
ni masihikēwina mētawēwina
ayahk mīna sôniyāwasinahikan osci
mitātahtomitanow sôniyāw

ni mīstināw mīcôwinihk ēkwa pihtwākanihk
ēkwa pimīy osci nitāpānāsk

mīywāsin masinahikēwihk
ki wīhôwin ta masinahamihk
ēkwa itoka kīsikāw kā nôkisīyin
ēkwa wīpac ka ispayik
ka nipīyin

ni sākihtān ni masinahikana pihtow
ē mīywāsiki ēta
ta tohkohtastāyān ni pihkahtēwāpoy

kotak masinihakan ôma ē atoskātamān
ni tamāki mācihtān
tāskoc kahkiyow ni masinahikana
ni mīywihtīyin māna
kā kīsihtāyān
tôsici nitayiwēpin
nikāson asamīna
apisīs nimipin asamīna

minôsis nipāw
nimasinahikēwi tihtapôwinihk ēkwa namôya
pakitinik ka apiyān

kisīwihtākwan wayawētimihk
pihcāyihk nistikwānihk kisīwihtākwan mīna
ēkwa awāsak kīskwiyahkamisowak
pokwēta wāskahikanihk

ni nohtē apin
māka minôsis
namôya itwēw
ēkwa pīkiskwēwin masinahikana namatakona
namatakon iskihk apiyāni
ēkwa kiskisiyāni
iskohk pakitinamāni
iskohk
pakitinamāni

nāskikan wīsakan

kotak ôma kīsikāw anohc
ki papēwinisinow

nitāyimihtān Bukowski
minôsa ē kī ayāwāt
nīsta minôsak nitayāwāwik

Mr. Tess nīsosāp ē piponīyit
mistāpakosīsa ē nihta nipahāt
wāposak
nānātohk pēyisīsak
kinīpikwak
anikwacāsak
mitoni wīyasi nākisôw

Ms. Pearl niminôsinān
ayapinikēw
ē kaskihtāt ta kwāskohpit
tahkoc mīcisôwinahtikohk
môwēw
tipiskohk kinosēwa
pīminahkwāni mīcowin
mostosi wīyās
ēsisak
mitoni wīyasi nākisôw

ēyakwa kīsikāw
ni maskan kā wīsakihtamān
osām mistahi sapīhkahikana
kā wīpinamān
wayawītimihk ē wīpācihak okāwīymāw askīy
māka nika māsokopitīyin
itāp pīsimwa

ôma kīsikāw
makīkway
ta ispayik
ispayin

kīsikāwa mēskocipayinwa tipiskāwa
ēkwa mīna
namôya ē minihkwēyān
nitowētīyin ē tahkāk
minihkwēwin

ni minihkwān
papēyahtik
minôsak ē nipahtākēcik
kinācihcikēwak
tipiskohk wīyākan

tāpwē ôma kīsikāw
ēkwa tipiskāw
ka kiskisihk
ni maskan wīsakan
ēkwa minôsak kitowak
ē wīyasinākosicik

masinahamihk pēkiskwēwina masinahikanihk

tānisi ôma ē isāyān
awiyak cī kiskēhtam
kisēwātam

kīspin ki kiskēhtīyin
kā kī pē sēwīpitamowin cī tipiskāki
waniskāyāni māmasinahamāni
pēkiskwēwina masinahikanihk?

awa masinahikewinahtik miyo payēw
nicihcīhk
mistahi ni ayān
mihcēyit pēkiskwēwin masinahikana
ēkwa mētawēwin pihcāyihk nistikwānihk
ni ayān ācimowin kā wī itowipayik
ēkwa ni ayān ācimowin

nitawēhtīyin nispitona ta māmasinästē masinahikātēki
ni sākihtān wīsakihtamowin
ēkwa ni māmitonēhcikani maskihkīwīyiniw ē pahpit
ē wihtamowit
ē kīskwīyān

kāya pē sēwīpitamowin ta wihtamowīyin
ē kīskwīyān
pihtow
kahkiyow kīyānow mīna?

ni sākihtān ēkwa ni sākihtān
ēkwa kiyāpic ôta ni apin
awa takahki masinahikēwinahtik
ni tāpasinahīyin masinipayicikana
ni nēstopitīyin nicihcēy
kahkiyow ē masinahamān

ni kiskēhtīyin ēkwa
tāpwē ēkwa
nikiskisin kā kī pē
oskāyôyān oskinēkīs
nistikwānihk ē pahkisinīyān
ē pihtikwīyān ôta askīhk
namôya ē kanawēmikowiyān ēkwa kahkiyow
macihkānak
ē miskowicik
sāminicik
ē pakamowicik ēta ēkwa
kā ayāyān mēkwāc

nīya
māyātisin
pēyakon
macayiwihkan
kīskwēyahk
kāmwātēhtākwan
namôya ē sākaskinīhk
tipiskāw pīsim
mēskocipayici
ispayit
macihkān
nikāson
tāpwē
nikāson nipimātisowinihk
wāskāhikanihk
miniskikomihk
wāhyow
sākihitowinihk
pēyahtikimowinihk

matwēhkēwin

nitāyamihtān atiht miyo pēkiskwēwin masinahikana
makikway osci

nakoc ē takahki masinahikātēki pihci nīmasinahikana

nikamowin mēskocipayin
kitohcikan pihtākosôw
ēsi kā mācipayik sēkwan kīsikāw

ni pēyakocihkihtīyin
tāskoc kā nipit ēkwa kā waniskitotawiht omasinahikēw
māka kiyāpic kaskihtāw tamasinahikēt
masinahikanihk

wayawētimihk
pēyisīsak
nīmīhtowak

nikinawāpahtīyin awastīhk kahkiyow ôma
nipihtwān pihcwākanis
kaskāpahtēw wīcihtāson kitohcikēwinihk
mēskocipayin nikamowin asamīna

pihcāyihk niwāskahikanihk
māmitonēhta
ahcahkwak
ē nīmīhtocik nīmihitowin

kitohcikan pônipayow
awiyak matwēhkēw
niskwahtēmihk

māwīyak
ôma masinahikan
ispayiki
kahkiyaw
māci
pēyakwan

nikinwāpimison

kīspin kotak kā ayāwak ta sākihak
ta pē sēwīpicikīyit
ka nitohtawak kā kwātakihtāt

tānsi ēsi miskowicik?

nipakitinikowisin
awāsisak ayāwak okāwīmāwa
pīyisk nitāyiwīpin
nikiniwāpimison
wīyākana nikiniwāpahtīyin
ayônisia
anima macikonās
tāpwē macikonās

nipowātīyin kotak sākihitowin
nikinācēson

ni pokosēhtīyin ta miyonākosit
māka nikiskēhtīyin
mihcēt nīkāni ta wāpahtāmān
namôya ē mīywāsiki

nikihcītwānān
awāsis ka ocawāsimisiyahk

apitikwē kotak pimātisiwin
tapôtācikīmowan macikonāsa
kā akonahakihk mitēy kā pīkopayik

ôta ni apin
tāskoc atim kā sākihowīyit
atim nāpēw atim
kākitot mistahi
kīkwaya kā māyipayiki
ēkwa nēmowin
nipimātisiwin
osām yôskāw
ta sīkihāt
ohpimīy

ē macastēmakahk makīkway

kotak ni kīswāw pihcwākanis
namôya ayawāk nicihkīmāwak
ni wī pôyon
ni mācihtān ohpahāwi pīsim ikospē
kā kahtinakik kahkiyaw kinosēwak

ē kisāstēk ēkwa mīna
nasakay ē kisitēk
ēkwa poko ē nitawēyimak
pēyak pihcwākanis
kīkway ta mīyoskākoyān
ayahk ēkwa nitahkosin
nitāhk

ni pokwātāwak
ni pokwātikok
ni tipīmikok
ni pokwātāwak
ni pokwātikok
māka kīyapic ni pihtwān
namôya tānihki ē kiskētamān
wihkitisiwak ka pihtwāhk ēkwa pihkahtēwāpoy
ēkwa kotakihk
makikway ispakisowak

kā kī minihkwān Jack Daniels iskotēwāpoy
māka ki kiskēhtiyinow tānsi ka ēsi pômipayik
ka māyi pômipayin pēkiskwēwini masinahikanihk
osci kapahohtôwikamikohk ēkwa nôtinitowinihk
ēkosi wāskwatawīpicikēk
nistēsak ēkwa nimisak
ēkwa māmitonēmik
tāskoc kotak
tāskoc kotak
iskocēs ē mistihkahtēk

kwātakihtāwak ahcahkwak

ni pahpinān awasta pahpowin
niso ē kwātakihtācik ahcahkwak
namôya āyimihāsak
ni tāpôwakēhtīynān ôma pimātisiwin
ka sākaskinēki kiskisôwināna
osci kayāsi kwātakēwin
niyanān ē moscohkāsoyahk
ēkota ē nīpowiyahk ē pahpiyahk
makikway wiyasinākwan
kotak osci
ota
sīpīhk
ni nīpowinān
ē niciminitoyahk
ē ēhiyahk kīsowāwin
ôma pimātisiwin kā ayāyāhk
kā mīkowiyahk
awīna
ni nīkihkonānak?
kā kwēcihkīmoyahk
kīyānow
kitôcikanow
kotak
namôya wīyasipayin
niya osci ēkwa kiskēhtīyin
niya ôma
namôya ēki nipit pēkiskwēwin omasinahikēw
ēkwa mipowin
tēpiyahk
nīso masinahikina
astēwa

sīpīhk

sisonē sīpīhk pahkihtin
tāskoc nāpēw mīkwanak
cīki kīsikāw pīsim

kihēw ni wīskisitowik
ni kīskwēwin
awa kā papēwinisit omācēw
ispimihk mītosihk
namôya nikī āmacowān

mītosak sāpipēwak
niska pīsim kimowana
pahkisomôtahk
ē akonayihkātēk ēkwa ē kanawēhcikātēk
osci nôtinikēwin ēkwa māyipayowin

sīpīy wāyinipayin
māyātan ka kicikowipayik
kaskatēwi pēyisīsak
nowiswātēwak kihēwa
ē kwi mītitācik
omīkwanīhk

iskotēw nāway namatakwan
yôtin namatakwan
kimowan namatakwan
kihēw sipwīyāw
sīpī kāwi nīkan pimicowan
kihcikamihk īcowahk
ēkwa sīpī kāwi miyonākwan

cīki ēkwa pômipayin
miyonākwan
iskwēyāc
ēyakwa
nipīy
sīpīy
pahkihtin

pasikowin

ni pokwātīyin ôma ôtīnāw
astēw
ki kinawēmikon
paspēwin kihcikamihk
nihcipāhyin nihcāyihk
pakitin namēw
ka môwit
ni pokwātīyin nôtinikēwin
ni wāpahtīyin
misi askīy nôtinikēwin nīso
nīkihkwak nitotayihkok Dachau
kikā mitātaht ē piponiyān
kocispita pôni pimātisiwin
kiyāpic nitônihk
Vietnam
kā pahkatēki
nihcipayinwa maci kīkwaya
wāpayôminak kīsitēwa
ni sākihāwak wāpayôminak
kahkiyow kotakwak
pahkitēwa
pokwātowin
sākihitowin
ni mipayihkon
pēyahtik
pihci
nôtinikēwin
ni pokwātīyin ē pasoyān mipowin
ni pokwātīyin kīkway

kā nicimohtiki nāway kohtaskwahk
sikwatatiw kinosēw
mipowin
nôtinikēwin
ôtīnāwa
ni pokwātīyin
māna
ni kiskēhtīyin
tānsi
ēsi
masinahamān
pokwātowin

sīpihkwāwa ēkwa kaskatēwāwa kīsikwa

anohc kīsik
ē mīskocipayik sīpikwāw tôsci kaskatēwāw
tôsci kāwi sīpihkwāw

iskotēw otāpānāsk pimakocinēw
sākāstēnohk ē pimitāpahtāt
iskotēw asinīy otāpānāskwa

ni māton
tahto kīsikāw
ohcikowāpôwina pahkihtino kā pihtamān
ē takahkihtākwak nikamowin
nitāpānāskohk

ni miyaskawāwak ayisīnowak
kahkiyaw ē tāpiyāhk
sīpihkwāw kīsikohk
kīsikāw pīsim
ē kīsāsot

astēw māyipayowin
ēkwa mīywihtamowin misawē niya
wīsahkihtamowin astēw
ēkwa wīsakaskisowin

minôs mātôw
ē minihkwēyān
a kisitēk pihkahtēwāpoy Tims

kīsik tipiskipayin
māci tipiskāw
ni māton
tāpwē
ē maskowisit
paskiyākos
mātôw
kīsikwa
kaskatēwāwa ēkwa sīpihkwāwa
nipāwa

pokwācikātēk pēkiskwācikan

ni pikiskwācikan sēwīpayin
namôya nitôtinīyin
kīya namôya kwayask
kīya kīyaskisk
kīya kayasihtāsk
nitohtawin ēkwa ni pīkwīhtamowina
nitohta kikwaya kā ayāyān

ni wihtamowāw ta pēkiskwātāt
ēkwa namôya nīya ēkwa nitakotān
kāwi pīkiskwātik
ni kihkāmik

oh lord
kīkway ôma ē tôtamān ôma kā ispayihkoyān?

ni tēhtīyin ē itwēyān
ki sākihitin

ispatinasihk nitayihkon ēyakoni pēkiskwēwina
ē wāpahtamān asinīy wacīya
tāskoc ē sinākwahki mihtawakaya

ni tēpwān ēkwa ispatināwa ni pihtākwan
ēkwa namôya ni pēkiskwātikok

namôya ni pēkiskwān pēkiskwācikanihk
sēwīpayiki kihtwām
tapitaw pēyakwan tahto kīsikāw
ēkwa kā otinamān
ni nihci tihtipayin nihcāyihk ispatināsihk
niskātihk ni nīpowin
ē ahkami sēwīpayik
pēkiskwācikan
pihtākwan
mihtawakaya
wahyow
asinīy wacīy

pahkwēsikan maskimot ē cimatīk

minôs kwēskohtēw
misôs ni wāpahtīyin
kiskēhtam ē asamak

mīcowin wīyākanihk
misôs nihcipayin
māmākwahtam pāstēw mīcowin
minihkwān nipīy
nitasamāw kā apasīsit

pihcāyihk osihtāwikamik
ē cahkastēki pahkwēsikan maskimota
ispimihk ē cahcastēki kīsikohk
waskowipayin ēkwa pēyak pahkihtin
sīkisôw minôs
ē kwēskohtīyit
ē kinwāpahtahk maskimot

mīna pihcayihk osihtāwikamik
kiskisôwina mīna
sākihitowin osām ē wanīhkātēk
cahcastēw ôta
nētī mīna
ē masinipayihak wīya
ni astān wihkwēhtakāwihk
namôya kwayisk maskimota
makīkway
môwiht
pahkwēsikan

ni kipahīyin iskwahtēm
minôs ē mātot
māka ni mēskitohtān
misôs ispimihk
macihtwāw
ētī
cahkastēno
sākihitowin
tahkāw sākihitowin
namôya ē môkātēk

askihkān ācimowinihkān

kihēw akocīw ispimihk watihkwanihk
kīyāsk pimihāw sīpīhk
ē nitonawāt kinosēsisa
kāsôw kīsikāw pīsim
yôtin kāsôw
kimowanis pahkihtin
mēskanow sāpipēw

askīy pimahcowēsak kāsowak
kwāskohpīsak kāsowak
ē māyātisit wāpos
nanôwacihtāw opimātisiwin
nīsosāp ē piponīyit ē kaskatēsit ēkwa ē wāpiskinākosit
ni minôs kinwāpamēw wāposa ispimihk osci

askihkān ācimowinihkān ôma
ēkwa nīya kisēyinīsis
ē masinahamān pēkiskwēwina masinahikana
ē kiskisīyān nohkom
kā kī pôni pimātisit kayās
o waskwan ē tikot
pēyak minihkwēwin
koskopayin ēkwa

tēpakohposāp awāsa ē yāwāt
kisôwāsôw
kīsta cī?

kihēw kāsôw
nitonawāw mīkwan
ta kiskēhtamān
ôta osci nīya
acimowinihk

kīsikāw pīsim kāsôw
askīy kāsôw
ēkwa mihkocēscowakās
ni pihkisikanihk
waskwatawēw
kīkisīpāyāki
pihcāyihk waskahikanihk
ēta ē pāstēk
askīy
mēskanow

saskaha iskotēw

kimowan pahkihtin (ni wīkin BC)
naystaw apisīs yôtin
kīyām āta kāsowīyini
wēpan ka niskākon

nikāwīy pē itohtēw
minôs mīcowin ē pītāt
sīwāwi pihkasikanisa
ēkwa sēwāpwēya
awāsisak osci

takahki kīsikāw ôma
nimôsihtān pimātisiwin
ēta namôya ē saskatīhk iskotēw
osci pimātisiwin
ēkosi ôma ē kī pīspayik
kinwīs

macikonās ni tihtapôwinihk
spakāw taskoc macikonās
kā akonahikoyān

ôta ni apin
ē pīhak mīyo iskwēw
ta kanācihit

ni wī saskahīyin iskotēw
mihta ē kā katowīki
ē pihtākwāki
makīkway wikamik macikonāsa

kimowan pahkihtin (kīya kikiskēhtīyin tānihki)
sāpipēyisa
pēyisīsak
wāskāpayin okāwīymāw askīy
ni tāpin iskotīhk
ē nohtē wāpahtamān
kā miyonākwahk
kīkway pihcāyihk nīya

kaskāpahtēw ohpipayin
kīsikohk ispayin
ni wāpimison ē pahpiyān
ôta kiskisôwinihk
ni mīkon
aciyow ta miyowātamān
mihta
kwahkotēw
mastihkahtēw
namôya macikonāsa
māka
pihko
isko pihko

oski mētawēwin

ē atoskātamān ôma oski mētawēwin
ēkwa pokwāwiyak ni wihtamowāwak
tāskoc ta pimācihikoyān

nistikwānihk nīkān ni masinahīyin mētawēwina
atiht pē takohkākon ni kinawēhtīyin
ēkwa mīna
ē mācipayik
kā pômipayik

ôma oski mētawēwin nisto itôtamowina astīno
kā mācipayik
tāwayihk
kā pômipayik
tāpwē
kā pômipayik
ni māmitonēhtīyin
ēkwa nika kinawēhtīyin
nīya
iskohk masinahamāni

ēkosīsi ôma ēsi wāpahtamān
ni māmitonēhicikanihk
ācimowina
mīkowina
nikinawēhtīyin
pihcayihk iskohk
makikway ayawāk ē tawāk
tôsci ni apin
ni pahkison
ni māmitonēhcikanihk
ē socipitamān
mihko
masinahikan

pēkiskwēwin masinahikan pē itohtīmono
itē nānitow
môsihtāwin
tāskoc ôma pēkiskwēwin masinahikan
ē kimotihk
itasowacikanihk
ni māmitonēhcikanihk
ēkwa namôya ni kiskēhtīyin
awina ahpô kīkway
ka sākaskinahtāw
poko ka pēhat
anima
iskwēyāc
akonahikan
ta
pahkihtik

nikotwāsik tipiskāw

kiskīhtākwan
kahkiyow ēkosi ki ispayihikonaw
awāsisak mohcôwak
kapēyayihk ē kinawēmakik pihcāyihk
ni kīskwīhikok

wāskahikan wīnan
ni kanācihcikān ôta
ni kanācihcikān nītī

ni kitohcikān
Marilyn Manson
ē miyonākosicik āyisīnowak

ni miyo atoskān ēkwa
masinahikanahtik miyo masinahikēw
ni māmitonēhcikan tapasīmakan
nikotwāsik tipiskāw
ministikohk
ôcīnāsihk
nānitow mēskanāhk
kīskwīyāwinihk

miscākanisak
kitotīwak iskotēw otāpānāskwa
askīy pôni kisīwēw
aciyow poko

ni mēskocipitīyin nikamowin
masinahikanāhtik miyo masinahikēw
iskohk miscākanisak
sīpīhk itohtēcik
ē minihkwēcik kākikē nipīy
namôya kīskwīyāwinihk
māka
anima cahkāsin
sāpipēw
pēyahtikēmowin

tahkāwa kitamāhtāsowin micihciya

nipôw iskotēw pimipayicikan
pokwāwiyak nitawēhtamok ta masinipayihtācik
ni māyihkwākan

namôya ahpô nimīywihtīyin
ta kinawāpimisoyān
nīya

tānihki kotakwak?

ē nohtē pāhpicik
ni miyo mahcihon ē
pīkonahkik ni miyo nākisowin

ē kī miyo nākosiyān
māka ēyako nitôtākon
nāpēwak ta kwātakīhcik

wīyin kosānak!

ni pihci pahkisin wātihk
ēkwa namôya nimiskākok
nitās ē postiskowak
ēkwa niya ôma
pisiskôw ē paskiyākēt

ēkota wātihk nīya ôma
mīywāsin ēkwa ni kīsôsin
tipiskāw pīsim ē pī sākīwīyit
ēkwa nāpēwak kahkiyow
nipowak ēkwa makīkway ayiwāk

wihcīki nāpēwak
tānsēsi ôma ēsi kiskēhtahkik
ôtī nīkānihk
kīyāpic ka môsihtāyān
kā sāminicik
kā tahkāyinīki micihcīya
kitamahtāsowina
ta sākipayiki
pokwēta
masinipayicikan
nīya ni
māyi
mihkwākan

sāpipēw pihcwākanis

ni kī wīkin ēta kā pāstēk askīy
ni kī wīkin maskwamīhk
ni kī wīkin pihcāyihk misi wātihk
ni kī wīkin mīna pihcāyihk ôsihk

māka namôya
mistēhtākwan

misi nôtinitonānowin pokwēta askīhk
ēkwa poko pēyak pihcwākanis ni ayawāw
pahkisimôtahk kimowana ni sapipahikon
ni tasakīhk

ni kocihtān ta saskipitak
māka moc
iskwēyāc ē kwēcihkīmoyān
ēta askīy ē misi nôtinitohk
ē wīpinikātēk

kihēwak nikamowak
miyo nikamowin
maci manitôw nīmihitôw
ēkwa asamīna askīy
misiwanācīsow asamīna
ēkwa asamīna

mihcētwā ni nipin
ni nipin misi wātihk
ni nipin asinīy wacīhk
ni nipin mīna
ni apwēsowinihk ni saskatēpicikan
saskatēpayin ēkwa ni pihtwān
miyo pihcwākanis

ēkosi askīy
misiwanācīsoci
ēkwa nôtinikīy apacihcikan
pahkihtin tāskoc
ē sāpipēk kaskapahtēwin
pihcāyihk misi wātihk
nānitow awastīhk
ôma iskwēyāc kā nitowīhtamān
ôma kīkway

sākihitow īyiniwak

kīhtakowak ē mīyosicik
pokwātamok
kīskwīyācik
tôsci ni pīkiskwān
kahkiyaw tapasīwak

kīya māka?

niya cī ayimisin?

ni pihtikwān kwayask ēkwi tôtamān
ni chīpitôna
ē sīsāwinimān
ē sākihtāyān

anohc namāwiyak nisākihāwak
tēpiyahk kiskisôwina iskwiyāc wāpahtôwina
ni māmitonēhtīyin awīna ē sākihācik
wīyāwāw ēkwa

ni pimisinin mipīyonihk
ē kostikwēmisoyān
ē ka kwē môsihtāyān kīkway
namôya ayawāk ôta ē astēk

wāsīnamān kipahikātēw
kipahikana nihcipicikātēwa
minôsak nipāwak
makīkway pihcāyihk astēw
tēpiyahk ē sīkisit nāpēw
ē kātāt osākihtāwin
osci kā sākihāt kotakwa
kahkiyaw kā sipwīhtīyit

ni towinīn nitôn
ta pīkiskwīyān
ta paspīsoyān
māka pēkiskwēwina
makīkway
tāpwē
ni
pēkiskwēwina
sôskwāc
makīkway

tāskoc mohtēw mosasinīy

tāskoc mohtēw mosasinīy pimāhtawēw nāway ēti
kā nitow kāsoyān tahto kīkisīpāyāk
ē pokwātamihk ta pihtwāk kihtwām

pa pēyahtik pimahtawēw
mohcihtakwahk

niya ana ni māmitonēhtīyin
ē pihtwāyān ē kīsosoyān
ni kohtaskwāhk

nīya ôma
pa pēyahtik
kāmwātan
tāskoc nipowin
cikāwin
namôya tāskoc pimātisiwin
ta tāstapipayik
kwīcīyāho
kīpa
māka kīyāpic kikocihtānow
ta pīminamahk
māka kīyāpic kikocihtānow
ta pīkonamahk

mohtēw mosasinīy nakatam ē pasakwak
tāskoc kiskisôwina ni pimātisinowinihk
kotak ē saskipitak pihcwākanis
ni ēhān
ni môsihtān ē kisitīk
masinahīyin pēkiskwēwin masinahikanis
ni kinwāpahtīyin kīsik
kotak kīsikaw ē kisipipayik
ôma kā mīywāsik pimātisiwin
ôma ka nohtē pimohtēhk
akāmi mohcihtakwāhk

ēkotawa ôma nāpēw nīya ēkwa
papēyahtik ē otinamān
pihtow ni mistohtīyin
ni kiskēhtīyin

namôya kinwēs pimātisiwin
pa pēyahtik otina
kākīsimo
pēyisīsak
namôya
kimôkinawak
kiyānow

pīkona kipihtowēwin

awāsak ayāwak okāwīymāwa
wāskahikan kāmwātan
ni kā kitowihcikān
pakamicihciyān
makīkway osci
wīskosīy
"pôni wāwīskosīy"
nohtāwīy ē wihtamowit
asamīna ē wihtamowit ēkwa asamīna
"kaya wāwīskosīy"

nikamowina nistikwānihk
namôya cihkihtam kisēyinôw
ēkīsi pôni pihtwāt
tamākīyinôw

kotakwa ni masinahīyin pēkiskwēwina
nakoc papēyahtikwan ēkosi pihci
ta wāwīskosiyān

pēkiskwēwina ni nakatikon
tāwahamok kīkway
ē matwīhahkik kā kāmwātahk

nitawīyimāwak awāsak ka kitowihcikēcik
kīyām ahpô ka kitawihcikīhk māyi kīsikāw
ni mīywīhtīyin ē nānoyaciwīhcik
ahpô ē kākāsocik ēkwa ē sāsokociwīhcik
ē kiskēhtahkik ka kisowāsiyān
kitahtowē

ni kipahīyin wāskwatawīnikana
ni kocihtān ta nipāyān
tôsci ta waniskāyān wāwīskosīywin
ē māyihtākwahk nikamowin
nitawīyimāw masinahikanahtik
ta masinahamān

pēyak nīso nisto
pēyak nīso nisto
pēkiskwēwina tāskoc okīsikowak
tāskoc awāsisak
ē kanātisicik ēkwa ē nitawēmihcik
nikiskisin ē wī pē
kīwīcik nīso kīsikāki
ēkwa nīso kiyāpic kīsikāwa
anihi kitohcikanak
wī
tīpwīwak

otinikātēw

nitôtinikowin
asamīna
ni pihci pahkisinin wātihk
ē kiskēhtamān ēkota ēyastēk
ēkwa sākihowīsk-mohcohkān
ē nihtā mētawiyān
ôta māyi wīcihitowin
ni āyimacowān
ni pihtwān
kiyām āta ē pôyoyān
pēyak ispayik
ni maskihkiya nitôtinīyin
kiyām āta ē pôyoyān
nīso ispayik
māka ni nohtē nipān
ni nohtē kiskisin
tānihki ôta kā ayāyān
poko kaya ka wīyinisiniyān
tānihki
ôta namôya kā ayāyān

nitôtinikowin
ahkami kitohcikēwak
āyisīnowak tapasēwak
sohkīnikīwak
ē pē tohtēcik
ni kiyohkawāw
ni kayāsi nīcīwākan
ēkwa nikiskēhtīyin
ē kiskēhtahk kīkway ē māmitonēhtamān

ē otinikowiyān
ni pahkisin
pihcayihk wātihk
māka ēkwa
namôya nikaskihtān
ta wayiwiyahtawiyān
wāti
papiyahtik kipahikipayin
ēkwa
nīya
ni
otinikowin

kā poskatinahk ēti…

tāskipayinwa
ēta
anihi
mēskanowa
pēyisīsak
nikamowak
tīpwēwak
ayahk
kayāsi
waniskisihk
nikamowina
ēti
wīyāwāw
pihtakwana
osci
wāhyow
mistikwaskihkwa
wīyinisiwina
ēkwa nôtinikīwina
mātowak
ētī
osci
ôma
ētī
kā isīkātēk
Kwantlem
IR #6
anita
sīpīhk
ētī
anima
poskatināw
ēti
manitowak

kostikwīnīwak
anihi
sôsāsiw
kā
nīmihitocik
iskwēyāc nīmihitowin
ana
nāpēw
misiwanācihtāw
nāpēw
asamīna
mīna
kihtwām

ôskan tāpiskākan

ē kī mīkowiyān mīkowin
ē kiskisiyahk takahki nāpēw
namôya wī ni poskawāw
māka ni sāminâw
mahtāwan ispayin
ni wāpahtīyin kīkwaya
kotakwak
namôya pakitinamok ta pihtikwīyinēk
ni pakitinīyin wāpahcikana
powātamowina
māmitonēhcikana
pēkiskwēwina
ta pihtikwēpayiki
ki pakitinikowisin
ôta pihcāyihk nīya
ta tipahaman
naystow wīsakan
āskow kīya
apisīs ta môsihtān
ēkwa āskow ta
môsihtān kahkiyow
ta ôtinam
apisīs kīya
namôya ni postiskīyin
anima mīkowin
ni pakitinīyin ta pihtikwēmakahk
pihtikwē
pē wītapimin nistēs
nihtīy minihkwīy
ēkwa wihki pahkwēsikanisak
ki pakitinikowin
ni kīmwēwi itotawāwak kā pôni pimātisicik
kā
mātocik

ēkwa
mātowak
namôya ē pokwātahkik
namôya
ahcahkwak
mīywīhtamok
mīkowin
ki pakitinikowin
ni kipahīyin iskwahtēm
ēkwa kotak niya
wayawīpayiw
kotakihk ispayôw
ētī kā
mātocik
ēkwa
mātowak
ēkwa mātowak

kīspin nīya

wihcasin ta tāpasinahamihk
manitôw
ni mīywīhtīyin
māka kotakwak ē tihtamok
ē mayi tāpasinahamihk
mihkwāw masinahikanāpoy
wāpiskak masinahikanihk
ocihciya ispimihk ohpinahk
miskīsikwa mīna
otāhk
otôn towinikātīyinēw
namôya ē tīpwēt
māka ē nikamot
nikamowin ēyakwa
ka kī pihtamahk
takahkihtākwan
takahki
astotin postiskam
ē sāpipēk mihko sihtak
ē osihtahk osci
kotak manitôw
anima nikamowin
tāpwē ēyakwa nikamowin
kinicimikonôw
ôta askīhk
ki wahkohtonow
kīspin pakitinimahki
ka pakitinīno

ni pakitinīn
ni pahkisinin
pihcāyihk
makīkay
nīya
ēkwa awīna ē nohtē
kīsīyān
kwayisk
mīyonākosiyān
manitôw ē sākihit
ahpô iskwēw
tāpwē nikamowin ēyakwa
kākikē ispayin
miyo nikamowin
ē pihci pahkisiyān
askīhk ētī nīya
ē miyo pimātisiyān
aciyow
ôma mēkwāc
ni mīkon
pakosēhtamowin
ēkwa kā tôhoyān
namôya ayawāk ni pihtīyin nikamowin
kāwi ni wayinwān
ôta osci kā māyinākwahk
kāwi ispayin
okīsikôw
osci
anima
nikamowin

pākipayin māmitonēhcikan

nīya osci niwihtamowāwak āyisīnowak
pihcāyihk
nistikwānihk
ē pākipayik

namôya ni kī itwān
ka kisīwīyān pihtow
ka kinawāpamikok
nīya tāskoc
ē kīskwīyān

tāpwē anima
nistikwān
ē spakāk ēkwa ē pākipayik
namôya kostācihkwāmina
ahpô miyo pôwāmina
māka tāskoc
namôya ē tīpaskinēk
osci ē mīywāsik ahpô naspāc

mācipayin kā oskāyôwiyān
ni kiskisin ni māmitonēhcikan
ē pākipayik
namôya ē kī
pīkiskwēyān

nakoc ēkwa wihcasin mēkwāc
pihtow ē pēyakoyān
makīkway ni ayān
ka itwēyān
awiyak osci
makīkway pēkiskwēwina osci
ki sākihitin
ki pokwātin

pākipayowin
namatakwan
ni ahkamīyimon

anohc kihēw
cīki pimihāw
nistikwānihk
ni sokocowihik
ni nānāskomāw ana
kihēw ē kiskisomit
ē pēyaki wīkīyān
pimātisiwin astēw
ispimihk
mitoni ē
mīywāsik

pihcāyihk nīkinahk ni pihtikwān
ni nānāskomāwak kīsikwa
ēkwa kihēwak
kā mīcik
pimātisiwin
āskow
ē pākipayik
pimātisiwin wāpahcikana
ka
kwātakihtak
namôya
ayawāk

ni kinwāpahtīyin

kayāsi masinipayicikana
pīko kīsikāwa
ē kīsipayiki
sakwātisowin
wīsakihtamowin
māyi itôtātowin
ēkwa makīkway ēyakwa
ni mistohtīyin
ahpô

ni kinwāpahtīyin ni
miskīsikwa
kāwi ni kinwāpimikon
kīkway ē wāpahtahkik
nāpēw nēwo mitanow tēpakohposāp ē piponīyit
nāpēsis
ē kwātakihtāt ahcahk
ē wanihtāhk kīsikāw
ē nitonamihk
ē oskāk ocīmowin

ni wayawīnīyin nicihcīya
māka namôya awiyak ayāw ēkotī
ni sāmināw tipiskāw pīsim
māka pahkisinôw
nāway sīpīhkwāwi ēkwa kaskatēwāwi waskwaya
nitocihtān yôtin
māka ni kocispitīyin ēhiyon
kīsowāw
ni kanācīhkon

ni kostikwīynīn ôma kīsikāw
ni kinwāpahtīyin
ē sāpipēyik
kīkisīpāyāw
ni towinīyin niskīsikwa
ni wāpamāw ana nāpēsis
ē māmētawīmisot
mētawēwinihkāna
ē pēyakot
kinwēs
tôsci ni kipahīyin niskīsikwa
ni wāpamāw kīsīyinēw
miyo pēkiskwēwin omasinahikēw
ē ocihtahk ēhiyon
kostikwīnam kiskisowin
tôsci tipiskāw pīsim
āmacowēw sīpīkwāwi ēkwa kaskatēwāwi kīsikāwi
tīpiskāw takohtēmakan
ni kinwāpahtīyin
ē pônipayik kīsikāw

ni kinwāpahtīyin iskohk tipiskāw pīsim
namôya ayawāk itwēw
ni nipān ēkwa ni pôwātīyin
osci
pēyak
ocīmowin
ôskāk
mitoni ē ôskāk
tāskoc māmitonēhcikan
nāpēw
nīya

sipwīyāwitēw

wanisayikēyon ni pimohtayihkon
askīy kā ispayik
nipīhk ni tohtān
kītayônisān
pihtikwān
tahkāyāw
nitakihcikān mitātaht iskohk
ni kôkān
ni sīpīkinīyin ni pāstāhowina
awiyak ahpô kīkway
kinwāpimit
pahpihit
ni postayônisān
ē waniskāpitikoyān
maskwamīy asinīy wacīya nipīya
kāwi nipimipayin
ēta kahkam ispayik
oski nāpēw
kwayisk ni māci wāpahtīyin
ēyakwa ôma ka itôtamān
ēyakwa ôma ē wī itôtamān
ni pihci ēhān ē kanātahk ēhiyon
ni sīkihikon
awiyak ahpô kīkway
ka pôni pahpôw
ni pihtikwān ē kīsowak askīy
kahkiyow nīya osci
kā kīsowāk tahkāyāw ni paspīhkon
maskwamīy nipīy ni wihtamākon
ē mahtāwisiyān
nānāskomāw môniyāw manitôw
awa pāstāhosk miyo āyisīnôw ikīsēt
pahpowin pihtākwan
iskotēw ni sāminikon

nawacīhkon
kakwē wayawīyān
nitawīhtīyin ē tahkāk nipīy
ē tahkāk nipīy
ni tēpwātikon
nitohtān
asamīna
ispimihk asinīy wacīhk
awasta pahpowin
osci
awiyak
ahpô kīkway

papēwīwin apacihcikan

apasīsôw ayikis
miciminam tahkoc
nitaskwatēmihk
niwihtamowāwak awāsisak
ē papēwinisit
ni kinwāpimikok
tāskoc namôya nīya
ē kiskēhtamān kīkway
ē pīkiskwātamān
ēkosi ēsi wāpahtamān
tāpitow māna
kā towinamān nitôn

ni nohtē wihtamowāwak
ē kiskēhtamān ôma
pihtow āsay ôta
ē kī wāpahtamān ôma
ē kī pimātisiyān kayās
pimātisiwin
mitoni ē wihcasik
māka ni miciminīyin ni tīyanīy
ni pēhon kihtwām
ē papēwin apacihcikan
pē isikakwan tāskoc
ē pôni pimātisit
nīcīwākan
nitānis kā māci kihtīyēyowit
mitoni wīsaki tēhēw
mātôw kā kwēcimak
tānihki kā mātot
ni wihtamāk
owīcīwākana
ē mipayisinīyit tāpānāskohk
ni sohkē māmitonēhtīyin

ni wihtamowāw
ôma pimātisiwin
ēkwa ôma pôni pimātisiwin
ta māmitonēhtahk miyo kīkwaya
ēkwa mīna wīcīwākana
tôsci
ni kinwāpamik tāskoc
makīkway ē kiskēhtamān

itāp ispayik kīsikāw
ôta ni apin
tāskoc ôta kā apiyān kayās
kotakihk pimātisôwinihk
nakoc ēyakwa wihcasin
anohc ēkwa
ni ayāwāwak nisto nicowāsimisak
ē kinwāpimicik
ka kiskēhtamān kīkwaya
ni wihtamôwāwak kwayisk
ēsi kaskihtāyān
ôma tāpwē pimātisiwin
ôma
tāpwē
pimātisiwin

misiwinācēsowin māmitonēhcikan

kāya pokwātiso
ēkosi pônihta
nīyā māka itôta
ētīhtaman cī ē āyimihowīyin
pēkiskwēwina ôhi
nīya osci
kā pôwātamān tānsi
kā ispayin kīspin
ta ākotisiyān
nāway ni wāskahikanihk
pihcāyihk kaskāpahtēwikamikohk
ka kī kisitīyik
kaskāpahtēwin ēkwa
kinosēwi mākwahk
ati pônipayin tāskoc kahkiyow nipayisowin mamitonēcikana
ēkwa maskihkiya wīcihtāsona māka āskow
tēpiyahk ta pihtamihk ē tamākihtakwahk nikamowin
kiskisowin
atāmēmowin
nitāmēmitin
ēkwa kīya
ēkwa kīya

kāmwātan wāskahikan
sākaskinēw masinahikanahtik
atim nipāw
ni minôs môwēw anikwacāsa
ni āsastān wīpinikana wayawētimihk nīkinahk
kotak ē tamākihtākwahk nikamowin
asamīna ni nohtē otinīyin pīminahkwān

ni āstīpitison
māmitonēhcikan mēskocipayin
pôwāmin ispayin
kīkway māka ka pôwātamān?
pokwātisowin ôma
ni wihtamowāwak pokwāwiyak
namôya cī ē kī pihtowīyik?

ni āstīpayin
ni minihkwān pihkahtēwāpoy
pihtwān pihcwākanis
ni kinwāpimison wāpamowinihk
ohpimīy nitāpin
ni miskīsikwa ôhi
kīkway wāpahtamok
kīkway ka wāpahtamok
kīspin ta wihtamān
misawē askīhk
ka kisīwī tēpwēyān kahkiyow
ka pihtahkik
kīspin kitahtawē
pēyak kīsikāw kotak ka pimātisiyān
kiyām ahpô
ocihtamāni
anima
tāpakwān

wēhpaw môsihtāwin

ē nahinamihk pôwāmin
kostikwēniht mistāpēw
aciyow wāpimāwak mēmēkwēsīsak
kā tapasēcik sakāhk ē tāmocik

ocēmāw okīsikôw
sāmināw kīsikāw pīsim
sikitīyin nīpīya
kā pahkihtik
osci kihci kīsikohk ispimihk

sākihāw sākihākan
wīsakinam nitēhīy
postiskīyin maskisina makīkway asikanak
wīcihtāson mohcohkānihk
ēhiyān iskotēw
misatimwak ē nīmihitocik

tipahīyin kā masinahikiyān
waniskisin ka atāwīyān tohtôsāpoy
ātowiya ni mīywāyān
āsay ni kī wīkin
tāskoc pihcipôwi kinēpik

towinīyin masinahikan
ni mamipitīyin masinahikan
pīkonāw masinahikanahtik
māyi masinahīyin pēkiskwēwin masinahikan
osci tamākisowin ēkwa pahpowin

manisīyin niscikāsa
ni môwāw mistikinosēw
mastihkasīyin kostacihkwāmin
ni mistohtīyin
kīyām āta ka sohki
kocihtāyān kīyāpic poko
ka pēkiskwātak
awiyak

kīswāw kinosēw
tāskatayihkātēwa mihta
kīsitēki kayāsi ācimowina
ôma osci
ēkwa ēyakwa

kôkān kihcikamihk
kotak ocēmāw sākihākan
sāminīyin pāstāhowina
osci anihi
kīminīcākanak

akāmihk nitohtān
awiyak ni pīkiskwātāw
ē kwī wihtamowak
namôya mistahi ayawāk
kīkway ka itôtamān

ni wayawī tahkiskākok
ni pason sihtakwak
yotin pôtātikon nihkwākanihk
āsay nīya
nīya
ēki
mēskocipitamān

pihcayihk kihkwahaskāna kayākwaw

pēyisīsak nīkinahk mā mīcisowak
wā wīyinowak
pokwēta kā kwāskohtowak
ē mā môwācik manicôsa namôya kā kī pimihāyit

maci mahcihowin astēw wayawītimihk
pipon ē takopayik iskwahtēmihk
nīpīya pokwēta astēwa askīhk
tāskoc mistāpēw ēsinākwahk ni kistikān
ē wanihcikātēki pôwāmina

wāpiskāw āyimihāwikamik ôta askihkān ministikohk
makīkway asôwatēw pihcāyik tāskoc kahkiyaw īyiniwak
namôya tāpôwakīmīwak manitôwa
kā kwātakīhkocik

wāsīnimāna kahkiyow kipo sakahikātēwa
oskāyak ē pāstatahahkik wāsīnamāna
ē pīkotahwācik môniyaw ayimihīwīyinowa
kā mipicik osci ki pāstāhôwinowa

wāskwatawēwa ahtahkwanākwahki kīsikwa
like puddles-kimowana ē sāpitacik askīy
ēkwa kā wīyinocik pēyisīsak
sīpīkinastēwak nipīhk osci ki môniyaw manitôminaw

itwēwak ē sakohāyahk ayimihēwahtikohk
māka makīkway ni ayāwānān ayimihēwahtik
osām oskāyak pīkotahwēwak
asinīya ē āpacihācik

asinīy apô askīhk
wāpikwanīya ē wāsakāstēki
namôya ayawāk mīyo nākwana
pāstēwa tôsci sipwēyāstēno
kahkiyow pāstāhowak nihcikwapowak
ohpimīy

nāntow awastī ôta pihcayihk kihkwahaskāna kayākwaw
ki pihtīnow nikamowin osci manitôw
kā asamāt manicôwisa kā kowacīyit
okīsikowa
ē ati wīyinowak
nipāwak pipon
ôta askīhkān ministik
awastē nīso iskwahtēma
osci anima namôya kā kiskēhcikāsocik
kayās īyiniwak
ôta kīyāpic ē pimātisicik
ē pahkisiniyahk
nihcikwanināna
ni pasikônān
ni môsahkinīnān
kīkway ôta
makīkway
kā miskācikātēk
pôwāmin

kīyānaw ôma

anima yôtin
ana iskotēw kotawānāpisk
anima pīkiskwācikan
anima makīkway
anihi wīpātana wīyākana
ana mīscākanis
ana minôs
ana atim
ana sihkīpayis
ana otāpānāsk
anima ôsi
anima wīpā atoskēwikamik
anima kimowan kā pahkihtik
anima kā pīkopayik yīkicihkān
anima oski asasowa
anihi kayāsi asasowa
anima ohcihcahcikanis
anima tahkāpoy
ana ôhôw
anihi mohtēw mosasinīyak
anihi maskosiya
anima anima mihkwākan
anihi miskīsikwa
anihi kiskisôwina
anima kayās kā ispayik
anima kā wanihtāhk
anima pihcipowin
anihi maskihkīya
anima minihkwēwin
anihi pihcwākanisak

ana ospwākan
anihi ayônisa
ana pikēs
ana ohtāwīymāw
ana nikosis
anima
kā mahtāwahki
tīpwīyôna
osci
kīyānow ôma
kīyānow ôma!

asinīy kinawēhcikana

ni kī kiskēyimāw pēyak nāpēw asinīy ka ispisit
kotak nāpēw ni kī kiskīyimāw tipahikan ē apacihtat
ni naskiskawāw iskwēw ē kaskihtāt ka môskomit
kotak ni kī nakiskawāw iskwēw ē kaskihtāt ta pahpisit
ni kiskēhtīyin nēw nanasisak askīhk
pēyakwā awa nāpēw ē kī kaskihtāt
ta pimihāt pihcāyihk kīkwaya kā kinawēhtakātēcik

ē pihtamān pēyak iskwēw ē itohtīyit
ēkwa kāwi papēyahtik ē pītohtīyit
tāskoc pômīhtowin

ni kī wāpahtīyin kīkwaya namôya nimasinahīyin
ni wāpamāw nāpēw ē tīpwīyit
ē pāpimosinīyit kīkwaya pokwēta ēta
kā astēki kinawēhcikana

ni itwān ihtakwahki miyo ēkwo māyi kīkwaya
ni itwān ôma pimātisiwin ē mīywāsik ēkwa ē āyimahk

ni kī wāpamāw pēyak iskwēw
ē nātawihtāt mihcēt mihkwākana
ni kī kocispitāw pēyak iskwēw ē ahkami mātot
ē ahkami wihpēmak

pēyakwā pēyak nāpēw ē āmacowēt
opimātisowihk tôsci kāwi ē nihtacowīyit
ē waniskisit awīna wīya

ni kī wāpamāwak nāpēw ēkwa iskwēw ē wīkimitocik
nēwo mitanow askīy ēkwa nāpēw pôni pimātisôw
ēkwa iskwēw pimātisôw
nāpēw itohtēw iskwēwa ē kakwē nihtacowīyit
mahtēsi kīspin kwāyisk ka kī itôtahk
asamīna

ni kiskēyimāw pēyak iskwēw wāhyow ē wīkit
ēta kôni paskwāhk
wīya osci nīya
ēkwa anohc
kwayisk ka itôtīyin
amacowīyāni asinīy wacīy
ēta nāpēw asinīy ka osīhiht
wihtamāk
nīya
ē kanawēhcikātēk kīkway

ni pakitinikowin?

ni kaskīyimāw ni wīkimākan
pēyaki pimohtān
sisonē mēskanāhk
masinahikan ē osihcikātēk?

ni pakitinikowin
ta katīwīpahamān
pokwāwiyak
māyipayinowāwa
ē miyonākwanīki
o pīkiskwēwinowāwa
ē môtocik
kahkiyow?

kā kī masinahīyin cī masinahikēwin pēkiskwēwina
kā kī sīsāwān cī
pēyahtikēmowin iskohk
namôya ayawāk tipiskāwa
ta pēyakoyān
filled-ôta pokwātisowin
asinīy waskahikan?

ni ka manatikon
tāskoc
kayāsi ispayowin āsay
ē waniskisihk?

ka miciminak
tāskoc kayāsi kīsikāwa
kā kī kostamahk
ki pēyak oskana?

ka ispayina kīsikāwa
tāskoc ôma kīsikāw
ana masinahikanāhtik
mēskocipitahk wāpiski masinahikana
osci
kīkway
tāntē
tānspē?

tānspē ka pônipayin
ôma kā pīkopayik mēskanow
masinahikani
mēskanowa?

ni kwāskohpin
ispimih ēkwa cipasis
ē kakwē waniskisotawak
osci
ni māmitonēhcikanihk
ni ayak
tāskoc masinahikanahtik ēkwa masinahikanahtikos
osihtā
kotak pimohtēyon
ni pimohtān
ni pahkisinin
ni pasikôn
ni āmacowān
tāntēsi?

tēpiyāhk
pokwātisiwn
kiskēhtam

nīkan

nāway ēta kā kiskinwahamāyān
ē miyo mahcihoyān
ē kwātakīhkowiyān
ayimihēw iskwēwak
ē pasihkwēwicik
ni māmitonēhtīyin
kīspin wīstwāw
maci manitôwināhk ka itohtēwak
tāskoc môniyāw ayimihēwīyinôw
kā ocipitahk
ni
ni
ni takisīy
ni takisīy

nistikwān ē sokotayikātēk

ē wīpinikowiyān
kā nihcipayān kīhcikosiwina
nēwo kā kī piponiyān
ni sokohtān nistikwān
namôya kwayisk osci ispayin
ē apacihcikātēki kīkwaya
nistam nēwo askīya mīywāsina
makīkway wiyotamowina
kwātakihtāwin itāp ispayin
pokwahtēhon wīsakan
maci môniyāw ayimihīwīyinôw
maci môniyaw iskwēw ayimihīwīyinôw
ē kihtēyayowicik nāpēsisak paskisikana ē ayācik
namôya nāntow
ôta ēkwa ni ayān wīyin takayak
ni kaskīyimāw ni kayāsi sākihowīyinôw
kaskihtamān pôwāmin
ôma oski pimātisiwin nēwo mitanow nikotwāsikosāp
pipona
ôta ni ayān
kahkiyow ni kinwēhtīyin ni masinahikana
wihkwēhtakāhk
pihcāyihk sokopicikātēk masinahikanihk
oski mētawēwin ē wī māci masinahikātēk
ni ka sipwītisahīyin
nika kwēcimikowin ta otinamān kīspinatamihk
ohci kā māci nihtā masinahikēt omasinahikēw
nistikwān kā sokohtik
ni tipahtēyimon namôya awiyak ni nānāskomāw
nīya poko
ēkwa ni nēwo askīya
ē mīywāsiki
tāskoc otākosīhk

nīso okāwīymāwi askīya

takāyāw mitātaht pīsim ôma kā pipohk
askīy ahkwatin
makīkway waskwaya
tipiskāki nīya ēkwa awāsisak
natimihk ni tohtānān
nīyanān ôma ēyikoni
ē wīkīyāhk nīso okāwīymāwi askīya
pēyak askīy ē sākaskinīyik sīwāyisa ēkwa wīhkihkasikan
kotak askīy sākaskanēw pôwāmina ēkwa pīkiskātikosiwin
pīkiskātikosiwin kwīskāyihk ka itohtayihkon
kā kī pihtawāwak ē mātocik
kā kī pihtawāwak ē mātocik kīsikohk
nicowāsimisak miciminowak akohpa
kiskēhtamok nikamôwina
kiskēhtamok maskihkīya
kotak askīy waniskisicikātēw
sīwāyisa ēkwa wīhkihkasikan ē kīsitēki
ēkosi ta pimācihohk
pipon ispayin
ēkosi kahkiyow kīkway ta pakitinamihk
tēpwās ahcahkwak
ē takohtīyin
nāpēw pônam kotak mihta
nicowāsimisak ē nipācik
ē pôwātahkik pēyak askīy
askīy ēkwa tipahikan
apisīs ē ati spakwahki
tāskoc sīwāyisa ēkwa wīhkihkasikan
askīy
ē pihtahk mātôwina
kahkiyow osci kitayisīnīminowak
iskotēwa ē kwahkotēki
ēkwa tipiskāw
ē nitotahk

papēyahtik pēyako mīciso

ni mīyāwak minôsak iskwahcikana
ni pēyako mīcison
awāsik aspin okāwīymāwa
awiyak nohtē pē itohtēw
ka pē ēhīcik ēhiyon?

kāmwātamowin ni mostācihkākon
kaskitipiskāw ni mostācihkākon
ēkwa pahpowin
mīna
ni mostācihkākon mistahi

wāskwatawēwin pihtikwēpayin wāsīnamānihk
ni towinīyin niskīsikwa ēkwa kotak kīsikāw
mācipayin
kīkway ka itôtamān ēkwa?

ka nitow kiyohkawak nīcīwākan?
minihkwēwikamikohk kā ki nikān
kā kī nitohtīyin nikamôwina
kā kī kisēwi pahpin
kā kī ēhān ôma ēhiyon
kā kī māton
kā kī masinahīyin pēkiskwēwin masinahikan
kīspin
ka kaskihtāyān

pihta ēkwa wihta

ocīpitôna
ocīpitôna
ni pīhāw ka ocīmitoyahk
kayās aspin
kā miciminak iskwēw nispitonihk
ni tēhtīyin
ka nīpiyosiyān ahpītikwē
nika pahkisinin

owīyāw
owīyāw
naystow ē kakwē nitawīyimak
wēpac ēkwa
ka pē wāpamik
ni ka kitamwāw

okīmwēw
okīmwēw
tāskoc nīkān kiskēhtamowina
kīkway
ē wī kīsīyān

ohcikiwāpôwina
ohcikiwāpôwina
ka pahkihtina
mīywīhtamôwinihk
sīsawinaki
ēkwa wihtamowaki
ē sākihak

ispayowin
ispayowin
ni miskowānān
awāsis pihcāyihk
wīya

onôkisowin
onôkisowin
nicowāsimisinān
ēkwa mātôwina
ka tipiskāk
ta mīcisowinahiht ēkwa postayônisahiht
ēkwa ta sākihiht

pôwāmina
pôwāmina
tāskoc ôma pēkiskwēwin masinahikan
takohtēmakana ēkwa sipwihtēno
ka pahkisinīyān ēkwa kā
pasikoyān
tāmihk
tāmihk
kaskīhtamowin
ni kiskēhtīyin
ē pēyakoyān
pihcāyihk māmitonēhcikanihk
ē nawacīhkoyān
makīkway pakosēhtamowin

anima pakosēhtamowin
anima pakosēhtamowin

opimātiwisin omasinahikēw

Joseph A. Dandurand osci Kwantlen First Nation cīki Fraser River, sākāstēnohk Vancouver. atoskēw Heritage ēkwa askīy simākanisihkān ēkota Kwantlen askīhk ēkwa nīyānanosāp askīya atoskēw. kī kiskinwāhamāsôw mētawēwin ēkwa ētī isi ēkota Algonquin College ēkwa mīna kihci kiskinwahamātowikamikohk Ottawa. kī atoskēw mīna Playwright-in-Residence ēkota Museum of Civilization ēkota Hull ikospē 1995 ēkwa mīna Native Earth ēkota Toronto ikospē 1996. opēkiskwēwini masinahikana masihikātēwa pokwēta tāskoc An Anthology of Canadian Native Literature ē akayāsīmowastīyinēki. kī masinaham mīna kohcikanihk ka nitohtamihk masinahikana ē osihtayit CBC Radio ikospē 1999.

osci itwēstimākēw

Randy Morin okiskinwahamākēw, ācimowīyinōw, ēkwa itwēstimākēw akayāsīmōwinihk ēkwa nēhiyawēwinihk osci mistahi sīpīyihk, nikotwāsik tipahamātowin askīy. kaskihtamāsōw kihcikiskinwahamātowikamikohk bachelor of arts masinahikan īyiniw kiskinwahamāsowinihk ēkwa bachelor osci kiskinwahamākēwin. wītahpisōstam masinahikēw itwēstamākēwinihk osci kā kanātahk askīyihk ēkwa nakacihtāw ta itwēstimākīyit osci akayāsīmonihk ēkwa nēhiyawinihk masinahikanīwinihk, kitohcikanihk, ēkwa cikāstēpayicikanihk. mitoni sākihtāw ēkwa cihkēstam nēhiyaw pīkiskwēwin ēkwa nēhiyaw sihcikēwinihk ēkwa mēkwāc kiskinwahamāsōw kihcikiskinwahamātowikamikohk Victoria, BC ta kiskinwahamowiht īyinīw pēkiskwēwina ta pimācihtāhk.